Género Cuento folclórico

Pregunta esencial

¿Cuándo te ha ayudado un plan a cumplir una tarea?

En una calle de Santo Domingo

Sindy Moya Chaves

ilustrado por Isabel Nadal

Capítulo 1

El misterio de la calle principal

La antigua ciudad de Santo Domingo era pequeña y llena de calles empedradas. Sus habitantes cosechaban azúcar, nadaban en el mar en su tiempo libre y se refugiaban del sol bajo las altas y refrescantes palmeras. Además, recorrían las calles en la noche.

Uno de sus habitantes, el alegre farolero, se encargaba de iluminar la antigua calle principal de la ciudad apenas comenzaba la noche. El resultado de su trabajo era maravilloso: la calle se llenaba de luz para que la gente transitara tranquila.

Esta historia sucedió hace mucho tiempo, cuando no había automóviles sino carruajes, y no había bombillas eléctricas sino faroles y antorchas.

El farolero siempre dormía al mediodía, bajo una de las palmeras de la antigua calle principal. Como su trabajo empezaba por la noche, en el día descansaba, iba al mar y disfrutaba del sol.

Su labor era sencilla: encender los faroles cuando caía el sol y mantenerlos encendidos toda la noche. Vigilaba el fuego de los faroles y, de paso, cuidaba a todos los transeúntes.

El farolero de la antigua calle principal se comunicaba constantemente con los faroleros de otras calles. Durante la noche, los faroleros de Santo Domingo se pasaban la voz cada quince minutos para informar que todo estaba bien.

Apenas el sol empezaba a ocultarse, el farolero de la antigua calle principal comenzaba su trabajo. Llenaba los faroles de aceite, encendía las mechas y mantenía el fuego. Las calles estaban iluminadas y los habitantes de Santo Domingo podían dar un paseo nocturno y refrescante. Al amanecer, el farolero iba por más aceite y mechas para los faroles. Y cuando salía el sol, limpiaba los faroles.

Cada farolero tenía un silbato, una antorcha, una escalera, una aceitera y algunos paños, para limpiar los faroles después del agotador uso de la noche.

Una noche solitaria y aromatizada con la refrescante brisa marina, el farolero vio algo sorprendente, increíble, algo jamás visto: ¡uno de los viejos faroles se movía repetidamente! El farolero estuvo atento a este farol por un rato. Los movimientos eran repetitivos, insistentes y bruscos.

Además, unos ruidos extraños transitaron por esta calle solitaria. El reloj casi daba la media noche. El viejo farolero se asustó. ¡En todos sus años como farolero jamás había visto algo parecido! Su escalera cayó al suelo de inmediato y su antorcha se apagó. El farolero salió corriendo despavorido y no pudo ni siquiera usar su silbato para alertar a los demás faroleros de la ciudad.

Después de que el reloj de la torre dio la última campanada, la sombría calle principal se transformó en la calle más solitaria y oscura de todas. En ocasiones, los habitantes se asomaban por las ventanas en busca del farolero, pero no podían ver nada. Todo estaba oscuro. Un gran temor los invadió. ¿Qué había pasado? ¿Por qué había huido el farolero?

Capítulo 2

El rumor se extiende

El farolero no apareció ni en la madrugada ni en la mañana. Sus demás compañeros estaban extrañados porque el farolero era un hombre muy cumplido y comprometido.

Tras mucho indagar, uno de los habitantes de la antigua calle principal les dijo que el farolero había abandonado, hacia la medianoche y muy de prisa, la antigua calle principal. Todas las personas empezaron a hacer comentarios, sobre todo los faroleros. Unos decían que se había ido porque tenía hambre y sed. Otros, que seguramente estaba enfermo, razón por la cual no había podido salir de casa. Otros afirmaban que tenía mucho sueño y por eso no había cumplido con su trabajo. Otros comentaban que algo lo había asustado.

—Yo vi cómo el viejo farolero salió corriendo despavorido —dijo una mujer—. ¡Tal vez vio algo que lo asustó!

Los habitantes de Santo Domingo empezaron a hablar acerca de lo que vio el farolero de la calle principal.

—Con seguridad una araña lo picó y se fue adolorido dando saltos —dijo un señor.

Detective del lenguaje	**La palabra subrayada es un artículo definido. Busca otros artículos definidos en esta página.**

—Oyó un ruido extraño e imaginó que era un dragón —murmuraron algunos.

—Tal vez, alguien le jugó una broma disfrazándose de esqueleto —supuso otro.

—O vio un enorme animal con colmillos gigantescos, como... ¡un jaguar! —exclamó una de las señoras, algo angustiada.

El farolero no apareció durante todo el día. Las personas comentaban lo ocurrido. Pensaron que el farolero llegaría esa noche, pero no fue así. La noche cayó y el farolero no apareció.

Los demás faroleros encendieron los faroles de esa calle, mientras los habitantes seguían hablando acerca del caso de la extraña desaparición. De repente, un hombre señaló uno de los faroles.

—¡Miren! —gritó—. El farol de la torre se mueve. ¡Por eso el farolero salió corriendo! ¡Se mueve!

El farol vibraba y, como la noche anterior, sus movimientos eran bruscos y repetitivos. Además, estaban acompañados de temibles chillidos.

Los habitantes de la antigua calle principal, junto con los faroleros, salieron corriendo en dirección opuesta a aquel espantoso farol.

Después de aquellas dos noches, con movimientos y ruidos extraños que provenían de uno de los faroles, la antigua calle principal de Santo Domingo se convirtió en la calle más desolada. Nadie transitaba por allí de día... ¡y, muchísimo menos, de noche!

El rumor acerca del misterio de la calle principal se había extendido por toda la ciudad. Los más arriesgados miraban desde la esquina para comprobar si era cierto el rumor. Se empezaron a construir diversas versiones sobre lo que pasaba en la antigua calle principal de Santo Domingo apenas llegaba la noche.

—El farolero quedó atrapado dentro del farol —aseguraba uno de los habitantes.

—¡La lámpara tiene vida propia! —gritó otro, mientras corría alejándose de esa calle.

—¡No es posible! La lámpara no se puede mover sola. Alguien nos está jugando una broma —dijo una de las señoras con mucha seguridad.

Pero, a pesar de las teorías, ningún visitante ni habitante de Santo Domingo se atrevía a cruzar la antigua calle principal. El rumor seguía corriendo por toda la ciudad, incluso los habitantes de otras ciudades cercanas oyeron el rumor del misterioso farol.

La calle permanecía oscura durante la noche. Ningún farolero se atrevía a encenderla ni permanecer en ella. Después de un tiempo, los días eran alegres y todos trataban de olvidar lo que en las noches sucedía, pero, cuando el sol se ocultaba, el temor y el espanto los invadían.

Capítulo 3

Abad Alfau

Abad Alfau era un guerrero joven y valiente. Aunque era de Santo Domingo, hacía mucho tiempo que se encontraba fuera de casa, debido a las batallas en las que había participado. Regresó a Santo Domingo cuando los rumores acerca del farol eran más fuertes, y la gente cerraba muy bien sus casas en la noche.

En todas las batallas en las que Abad había peleado había sido un héroe: rescataba y protegía a los más débiles, y arriesgaba su vida por otros. Su fuerza y valentía le habían permitido ganar más medallas que las que cualquiera pudiera imaginar.

Abad era un buen líder, por ello, lo habían nombrado teniente en Santo Domingo.

La historia del farol de la antigua calle principal de la ciudad llegó a sus oídos. No creyó las historias desesperadas que muchos de los habitantes inventaban. Él pensaba que había una explicación lógica para el movimiento del farol.

—¿Cómo es posible que los habitantes de Santo Domingo le tengan miedo a un farol? —preguntó el teniente Abad a quien le contó esta maravillosa historia—. Iré a ver el famosísimo farol. Les pediré a dos de mis mejores soldados que me acompañen y descifraremos este enigma.

—Solo tú, valeroso teniente Abad, podrás ayudarnos —contestó su acompañante—. Las personas están desesperadas. La calle está oscura. Nadie camina por allí. Además, todos inventan una historia distinta.

En la noche, el teniente Abad salió en dirección a la calle principal en compañía de sus soldados y, con gran sorpresa, comprobó que el farol se movía y emitía ruidos espantosos, que inundaban la calle.

Abad detalló el movimiento y la posición del farol. Analizó las palabras de los habitantes.

—El farolero no está atrapado allí —dijo con certeza—. En un farol de ese tamaño no cabe un hombre.

Guardó silencio por un rato y agregó:

—No es posible que el farol tenga vida propia y se mueva cuando le plazca. Los objetos no se mueven.

Continuó detallando el movimiento y añadió:

—No obstante... no puede ser que alguien lo mueva, pues el farol no tiene una cuerda o hilo que lo sujete.

Abad daba explicaciones sensatas, pero los dos soldados que lo acompañaban estaban atemorizados. Sin embargo, fingían ser valientes. Después de descartar algunas versiones, Abad ideó un inteligente plan para descubrir aquel misterio.

Detective del lenguaje	**¿Cuál es la función de los puntos suspensivos en la oración subrayada?**

Capítulo 4

El inquilino de la calle principal

Abad Alfau se fue a descansar. Al día siguiente observó el recorrido del sol y, justo antes de que este se ocultara, se dirigió a la calle principal para ver el farol.

Iba acompañado de los mismos soldados de la noche anterior, atemorizados pero simulando ser muy valientes. Esta vez, el grupo de hombres llevaba consigo una escalera. Así, el teniente Abad subiría a la torre donde estaba el temible farol. También llevaban antorchas que iluminaban su camino.

Planearon que los dos valientes soldados esperarían abajo mientras el teniente Abad subía a la torre. Sostendrían la escalera y sujetarían las antorchas para iluminar.

Los soldados estaban pálidos y trataban de no desfallecer en su lucha contra el miedo que esta misión les causaba. Por su parte, al teniente Abad le parecía interminable la torre: con cada escalón, en lugar de avanzar creía retroceder. No sabía con qué se iba a encontrar. El tiempo parecía detenerse. Su corazón latía con fuerza y se aceleraba. Su objetivo era claro: descubrir el misterio, y nada iba a impedirle que lo hiciera.

Por fin, Abad llegó al farol y trató de iluminarlo con su antorcha. El farol permaneció quieto, como normalmente hacían todos los faroles. Abad observó con atención.

El farol permaneció inmóvil, pero una sombra se movió. El valiente teniente trató de acercar más su antorcha. La calle estaba en silencio.

Los habitantes de Santo Domingo se acercaron para ver qué estaba haciendo el teniente Abad. La curiosidad superó el miedo que días atrás los invadía. Miraban aterrados la torre y el farol. Se miraban unos a otros y algunos se tomaban de la mano como preparándose para cualquier cosa, incluso para salir corriendo a la primera señal.

Entre tanto silencio y quietud, la lámpara finalmente se movió de un lado para otro, como si vibrara. Era un movimiento desesperado. El teniente Abad estaba sorprendido; no veía con claridad qué era lo que había allí. De repente, escuchó un chillido agudo y ensordecedor.

El valeroso teniente Abad Alfau decidió llevar su mano hacia el farol. Lo levantó. Tanteó con sus dedos. Sintió algo muy suave que se movía con desesperación. No podía tomarlo con facilidad aunque lo intentó varias veces. Se escapaba de sus manos.

Finalmente, pudo agarrar lo que estaba dentro del farol. Con confianza, sacó su mano de allí y la iluminó con su antorcha. Era algo peludo, con dientes enormes y ojos inquietos. Las personas solo veían su curiosa cola.

Al abrir su mano, el teniente Abad Alfau vio con gran sorpresa que semejante alboroto lo había ocasionado un inofensivo y simpático ratoncillo.

—¡Es un ratón! —exclamó el teniente entre risas—. ¡El misterio del farol de la calle principal de Santo Domingo es solo un ratoncillo!

Todos empezaron a reír. Las risas se oían desde el inicio de la temida calle principal de Santo Domingo hasta el final. Todos estaban asombrados por el hecho de que el temor y el pánico fueran producto de un pequeño roedor.

Uno de los habitantes de la ciudad sabía dónde se encontraba el desaparecido farolero. Todos fueron a buscarlo. Cuando lo encontraron, le explicaron lo que había sucedido. El farolero pronto volvió a su trabajo habitual. Llenaba los faroles de aceite todas las noches. Encendía las mechas. Mantenía el fuego para que la calle principal no quedara oscura de nuevo. Y, esta vez, podía contar una historia fabulosa a cualquier visitante que se asomara por allí a medianoche.

Cada amanecer, el farolero volvía con más aceite y mechas para los faroles. Traía su silbato, su antorcha, su escalera y su aceitera. No volvió a temerle a los faroles movedizos ni a las chillonas exclamaciones de los ratones nocturnos. Cuando escuchaba un ruido extraño ya no se asustaba. Sabía que debía ser valiente y resolver la situación.

Desde entonces, los habitantes de la ciudad de Santo Domingo cuentan la historia de Abad Alfau y el misterio del farol de la calle principal. Muchos turistas recorren con asombro las calles de la ciudad de Santo Domingo en busca del farol que atemorizó a la población durante tantas oscuras noches. Otros, ríen imaginando a toda la ciudad atemorizada por un indefenso ratón.

Y entre todos los relatos, contados noche tras noche, se repite sin cesar el relato del valeroso teniente Abad Alfau, quien les enseñó a todos a ser valientes y no temerle a lo desconocido.

Resumir

Usa los detalles más importantes de *En una calle de Santo Domingo* para resumir el cuento. Usa el organizador gráfico como ayuda.

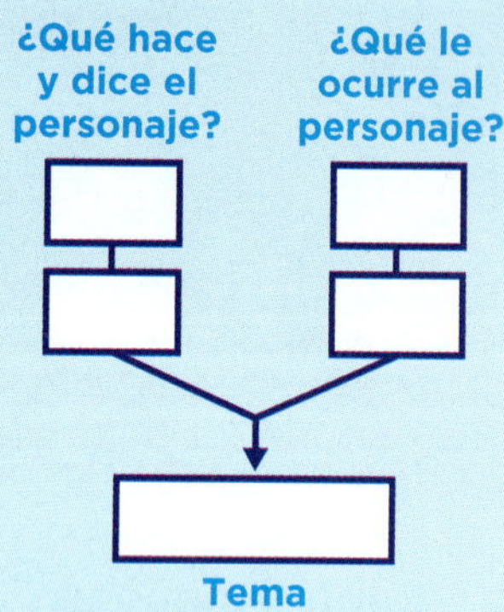

Evidencia en el texto

1. ¿Cómo sabes que *En una calle de Santo Domingo* es un cuento folclórico? Identifica dos características en el cuento que te permitan determinarlo. **GÉNERO**

2. ¿Cuál es el tema principal de *En una calle de Santo Domingo*? ¿Cómo el plan de Abad sirve como ejemplo para dar ese mensaje? **TEMA**

3. Explica por qué "unos ruidos extraños transitaron por esta calle solitaria", en la página 4, es un ejemplo de personificación. **PERSONIFICACIÓN**

4. Escribe cómo el plan de Abad Alfau ayudó a los habitantes de Santo Domingo. Describe cómo esta información contribuyó a comunicar el tema. **ESCRIBIR SOBRE LA LECTURA**

Compara los textos

Lee para saber cómo un plan ayuda a hacer un tambor.

Haz un tambor

Algunos cuentos folclóricos cuentan que hay tambores hechos de piel de pulga muy grande. Tal vez no puedas encontrar una pulga muy grande en tu vecindario, pero probablemente puedas encontrar todos los materiales necesarios para hacer tu propio tambor.

Qué necesitas

- un tarro grande, como los de leche de bebé o de café
- papel de regalo, láminas recortadas o tela para cubrir la parte externa de tu tambor
- cuerda delgada o hilo
- cámara de goma para hacer la piel del tambor (pregunta en un almacén de neumáticos o tienda de jardinería)
- punzón
- cola decorativa fuerte
- tijeras

Paso 1.

Lava y luego seca tanto el tarro como la cámara de goma.

Paso 2.

Corta el papel, las láminas o la tela a la misma medida del tarro.

Paso 3.

Pega el papel, láminas o tela alrededor de la parte externa del tarro.

Paso 4.

Corta dos círculos de las cámaras de goma. Fíjate en que sean por lo menos dos pulgadas más grandes que el diámetro del tarro.

Paso 5.

Pide a un adulto que te ayude a hacer agujeros a intervalos regulares alrededor del borde externo de cada círculo de goma, y que haya más o menos ocho agujeros por círculo.

Paso 6.

Pon un círculo de goma sobre la mesa y centra el tarro sobre él. Después centra el otro círculo de goma sobre el tarro.

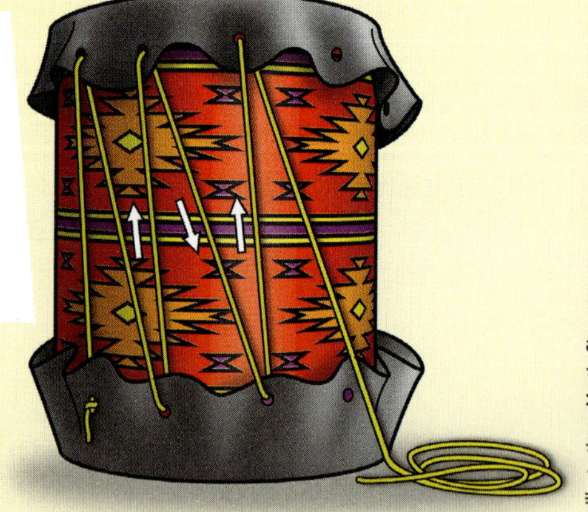

Illustrations: Martin Simpson

Paso 7.

Pasa un extremo de la cuerda o cordel a través de un agujero del círculo inferior. Anúdalo por la parte de afuera. Después, pasa la cuerda a través de un agujero del círculo de la parte superior. Continúa en zigzag tu camino alrededor del resto del tambor.

Paso 8.

Ajusta la cuerda de forma que los dos círculos queden igualmente estirados sobre los bordes del tarro, ya que una "piel" más tirante producirá un mejor sonido.

Paso 9.

Cuando estés satisfecho con lo estirados que estén tus círculos de goma, anuda la cuerda y haz un asa con la cuerda o hilo sobrante.

Paso 10.

¡Toca tu tambor!

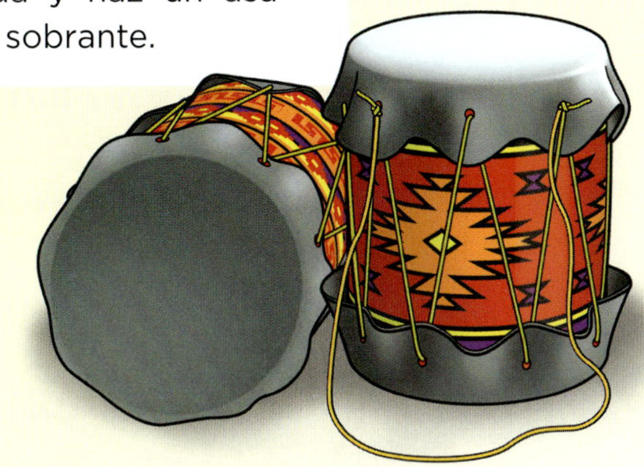

Haz conexiones

¿Cómo te ayuda tener los pasos numerados al realizar un tambor? **PREGUNTA ESENCIAL**

¿En qué se parece el plan de Abad Alfau en *En una calle de Santo Domingo* a las instrucciones de *Haz un tambor*? **EL TEXTO Y OTROS TEXTOS**

Cuento folclórico Los cuentos folclóricos son historias cortas que vienen de una tradición narrativa oral. En muchos de estos cuentos un personaje debe cumplir con un desafío o resolver un acertijo para ganar una recompensa. Los personajes pueden tener poderes, habilidades especiales o amigos que los ayudan.

Lee y descubre

- En la página 2, la oración "Esta historia sucedió hace mucho tiempo" sugiere que es un cuento antiguo, de tradición oral.
- Ante el misterio del farol que se mueve en la noche, el teniente Abad Alfau trata de buscar una solución al problema y no cree en las teorías que los habitantes han creado.
- El teniente Abad Alfau usa su ingenio y la comprobación de los hechos para que las personas dejen de tener temor y descubrir el misterio.
- Después de lo sucedido, hay turistas que visitan la calle para ver en qué consistía el misterio (página 15).

Tu turno

Piensa en otro reto que hubiera podido superar el teniente Abad Alfau. Describe el plan que necesitaría para superar este reto y descubrir el misterio.